Auguste Walras

Considérations sur la mesure de la valeur et sur la fonction de métaux précieux

Essai

 Le code de la propriété intellectuelle du 1er juillet 1992 interdit en effet expressément la photocopie à usage collectif sans autorisation des ayants droit. Or, cette pratique s'est généralisée dans les établissements d'enseignement supérieur, provoquant une baisse brutale des achats de livres et de revues, au point que la possibilité même pour les auteurs de créer des œuvres nouvelles et de les faire éditer correctement est aujourd'hui menacée. En application de la loi du 11 mars 1957, il est interdit de reproduire intégralement ou partiellement le présent ouvrage, sur quelque support que ce soit, sans autorisation de l'Éditeur ou du Centre Français d'Exploitation du Droit de Copie , 20, rue Grands Augustins, 75006 Paris.

ISBN : 978-1986582117

10 9 8 7 6 5 4 3 2 1

Auguste Walras

Considérations sur la mesure de la valeur et sur la fonction de métaux précieux

Essai

Table de Matières

Section I.	7
Section II.	10
Section III.	14
Section IV.	21
Section V.	27
Section VI.	40
Notes	46

Section I.

Personne n'ignore que les *métaux précieux*, c'est-à-dire l'*or et l'argent*, ou, si l'on veut encore, le numéraire, la monnaie, constituent la richesse aux yeux du vulgaire ; et nous pourrions entendre ici par le vulgaire tous ceux qui ne sont pas versés dans les premiers éléments de l'économie politique. Si l'on demande à un homme du peuple, ou à un homme que son ignorance rapproche du peuple, ce que c'est que d'être riche, il répondra probablement : c'est posséder une somme d'or ou d'argent. Cette opinion, fruit d'une illusion grossière, a été longtemps érigée en doctrine par les savants ; elle a servi de fondement au système exclusif ou mercantile ; et, pour peu qu'on soit au courant des vérités démontrées par les économistes modernes, on sait assez quelles mesures désastreuses elle a produites, et de combien de malheurs elle a été la source. Mais cette opinion étant généralement abandonnée aujourd'hui, et ne pouvant trouver d'asile désormais que dans quelques esprits rétrogrades on arriérés, ce serait perdre un temps précieux que de s'arrêter à la combattre sérieusement. Il suffit de la signaler et de passer outre. L'*or* et l'*argent* sont des richesses, sans contredit ; ce sont des richesses d'une espèce particulière, comme le blé, comme le vin, comme la laine, etc. ; mais ce ne sont pas, à beaucoup près, les seules et uniques richesses qu'il y ait dans le monde. Tel est le principe important sur lequel les hommes éclairés sont tous d'accord aujourd'hui.

Si l'or et l'argent ne sont pas toute la richesse, que sont-ils donc ? Qu'est-ce que les métaux précieux, et quelle est la nature de leurs fonctions ? Que faut-il entendre par le numéraire, par la monnaie ? On a déjà pris bien de la peine pour répondre à toutes ces questions ; il n'y a guère d'écrivain, en économie politique, qui ne leur ait consacré une bonne partie de ses efforts. Et cependant mon opinion n'est pas qu'on soit encore parvenu à les résoudre d'une manière complètement satisfaisante. Il y a, selon moi, quelque chose à faire pour arriver à des solutions nettes et précises sur ces différentes questions.

Et d'abord on a très souvent raisonné comme si les métaux précieux ne remplissaient qu'une seule et unique fonction. On a presque toujours confondu le numéraire et la monnaie, oubliant que si la sociétés besoin d'une marchandise intermédiaire pour faciliter l'échange et le commerce, elle réclame tout aussi vivement un terme de comparaison pour mesurer la valeur, et pour se rendre compte de la richesse sociale. Cette première erreur, assez générale parmi les économistes, a dû en entraîner plusieurs autres. On sent qu'après l'avoir commise, il n'était plus possible de se faire une juste idée de l'importance des métaux précieux, et du double rôle qu'ils sont appelés à jouer en économie politique.

Un écrivain très distingué, M. de Sismondi, commence sa théorie du numéraire en disant que les métaux précieux sont le *signe*, le *gage* et la *mesure* des valeurs[1]. De ces trois propositions, la première est fausse. Elle a été déjà combattue et réfutée par des économistes du premier mérite, et leurs arguments m'ont toujours paru sans réplique[2]. La seconde maxime est exclusive, et c'est par là qu'elle complètement. L'or et l'argent ne sont pas plus que toute autre denrée ou marchandises le *gage* des valeurs. En thèse générale, toute valeur est le gage d'une valeur égale. Toute valeur assure et garantit, d'une manière plus ou moins solide, à son propriétaire, l'avantage de jouir, quand il le voudra, d'une valeur équivalente à celle qu'il possède. L'or et l'argent ont, sans doute, à ce sujet, une espèce de privilège sur les autres richesses sociales. Ils s'échangent avec plus de facilité. Mais la différence qu'il y a, sous ce rapport, entre les métaux précieux et les autres espèces de marchandises est une différence du plus au moins ; ce n'est pas une différence essentielle et fondamentale ; et des lors, il ne me parait pas convenable de faire à l'or et à l'argent un titre de distinction d'une qualité qui convient, quoiqu'à moindre degré, à toutes les autres marchandises, Quant à la troisième proposition, qui fait des métaux précieux la mesure naturelle de toutes les valeurs, ou qui nous les présente comme formant un terme de comparaison qui doit servir à l'appréciation de la richesse sociale, elle me parait vraie, et je suis tout disposé à la soutenir ; car il s'en faut de beaucoup qu'elle ait été assez solidement établie, ni par M. de Sismondi, ni par aucun autre écrivain ; et c'est pour cela sans doute qu'elle se trouve contestée par des auteurs du plus grand mérite. Je serai obligé de montrer comment et pourquoi la plupart des économistes se sont trompés à ce sujet, et jusqu'à quel point ils ont dû se faire illusion pour contester un fait qui tombe sous les sens, et dont nous sommes journellement et continuellement les témoins.

Enfin, c'est une opinion généralement adoptée et passablement établie aujourd'hui, que la monnaie est l'intermédiaire naturel et nécessaire du plus grand nombre des échanges, qu'elle est l'agent universel de la circulation et du commerce. Cela est encore vrai, incontestable. Mais pourquoi la monnaie est-elle si éminemment propre à cet usage ? Pourquoi remplit-elle si bien cette fonction ? Et pourquoi les métaux précieux sont-ils la matière naturelle de la monnaie ? Telles sont les questions qui, malgré les travaux de nos économistes les plus célèbres, ne me paraissent pas encore parfaitement résolues, et qui sont, j'ose le dire, assez importantes pour mériter une discussion sévère et consciencieuse.

En disant donc que le numéraire est la *mesure* des valeurs, que la monnaie est l'intermédiaire des échanges, on a signalé deux propriétés très remarquables des métaux précieux ; mais on n'a pas toujours assez nettement saisi le caractère de ces marchandises, et surtout on n'a pas toujours indiqué la véritable raison, la cause ou le principe de leurs qualités. Or tout objet qui jouit d'une propriété exclusive, la doit à sa constitution intime. La meilleure manière d'établir qu'un certain objet jouit de telle ou telle propriété, c'est, sans contredit, d'étudier la nature de cet objet, et de chercher, dans sa nature même, la raison de l'usage auquel il est bon, le fondement de la fonction à laquelle il se prête.

Il suit de la que si nous voulons nous faire des idées justes au sujet du numéraire et de la monnaie, nous devons commencer par observer, par étudier les qualités de l'*or* et de l'*argent*. Nous serons ensuite dans la position la plus convenable pour apprécier le rôle qu'ils jouent dans la société, et la nature des fonctions auxquelles nous les consacrons.

Mais quelle que soit l'évidence du lien qui unit entre elles la théorie du numéraire et celle de la monnaie, et quelque convenance qu'il pût y avoir à ne pas séparer ces deux questions, je n'abuserai pas de la patience de mes lecteurs pour les embrasser ici l'une et l'autre dans mes recl1erches. 0n voit assez, par ce qui précède, que les métaux précieux remplissent dans la société deux fonctions également importantes. Comme *mesure* des valeurs, ils nous fournissent un terme de comparaison pour l'appréciation de la richesse sociale ; comme monnaies, ils favorisent puissamment l'échange et le commerce, ils facilitent la circulation des marchandises. Mon intention n'est pas, je le répète, de les étudier ici sous l'un et l'autre aspect. Je laisserai de côté tout ce qui a rapport à la monnaie et au commerce et, je me bornerai à parler de la mesure de la valeur, et de l'importance des métaux précieux considérés comme servant à nous procurer cette mesure. Ce point de vus est celui qui a été le plus négligé par les économistes, celui dans lequel leurs efforts ont eu le moins de succès. Dans tous les cas, il mériterait la priorité ; car la question de la mesure de la valeur précède logique ment celle du commerce et de la monnaie.

Section II.
Des qualités communes aux métaux précieux et à toutes les autres marchandises, et des qualités particulières aux métaux précieux.

Cela posé, j'entre en matière. L'or et l'argent sont des choses utiles. Cette première proposition ne me parait sujette à aucune contradiction raisonnable. Sans doute je n'ignore point que, d'après une manière de voir étroite et restreinte, les métaux précieux peuvent être considérés comme de vaines superfluités. Mais je sais aussi que, dans la science de la richesse, le mot utilité doit être pris dans une large acception. On s'accorde généralement aujourd'hui à désigner sous ce titre tous les objets de quelque nature qu'ils soient, qui peuvent satisfaire à un besoin de l'homme ou gratifier quelqu'un de ses désirs. L'utilité ainsi comprise, embrasse évidemment le nécessaire et l'agréable ; et il est hors de toute contestation que les métaux précieux figurent au plus juste titre dans cette dernière catégorie. Sans doute l'or et l'argent ne sont pas pour nous d'une nécessité indispensable, et nous pourrions très bien vivre sans eux ; mais, d'un autre côté, il est impossible de nier qu'ils ne nous soient extrêmement agréables. Leur mérite, sous ce rapport, est généralement connu et apprécié. On s'en sert pour faire des vases, des ustensiles, des ornements, des bijoux. Ils sont un des objets les plus remarquables, un des éléments les plus usités de la parure, tant chez les hommes que chez les femmes. Bref, il serait ridicule d'insister sur une vérité aussi évidente. L'utilité des métaux précieux est incontestable.

L'or et l'argent sont rares, quoi qu'en ait dit M. Garnier, qui s'est complètement trompé sur le sens du mot rareté, et qui n'a eu qu'une très fausse idée de la valeur et de son origine[3]. Les métaux précieux n'existent pas en aussi grande quantité que l'air atmosphérique ou la lumière solaire. Il n'en pleut pas du ciel, et il ne s'en trouve pas partout. Ces métaux sont donc appelés précieux à juste titre. Ils ont de la valeur, d'après ce que j'ai essayé de démontrer ailleurs, que la valeur vient de la rareté, que la valeur c'est l'utilité rare[4]. La possession de l'or et de l'argent constitue donc pour celui qui en est investi une véritable richesse, une richesse dans le sens que nous devons donner à ce mot, au point de vue de l'économie politique.

Utilité et rareté, et par conséquent appropriabilité, faculté de pouvoir être donnés et reçus en échange, autrement dit, valeur : voilà d'abord ce que les métaux précieux ont de commun avec toutes les autres marchandises qui se présentent sur nos marchés, qui se vendent et qui s'achètent, qui sont l'objet continuel de l'échange et du commerce. L'or et l'argent font partie de ces biens limités, de ces utilités rares qui constituent la richesse sociale, et que l'économie politique embrasse dans ses investigations.

Maintenant quelles sont les qualités qui distinguent les métaux précieux de tous les autres biens limités, de toutes les autres valeurs, et qui leur assignent une place très remarquable, ou, pour mieux dire, une place à part, parmi toutes les marchandises qui circulent dans l'univers ? les voici :

1° L'or et l'argent ont une utilité universelle. C'est le propre des métaux, en général, d'avoir une utilité universelle, d'être employés chez tous les peuples, sous toutes sortes de climats, et à quelque degré de civilisation que ce soit. Mais l'or et l'argent jouissent, au plus haut degré, de cette propriété de plaire à tous les hommes, d'être goûtés et recherchés par tous ceux qui sont à portée de les connaitre.

Tout le monde sait que l'utilité est relative à la condition de l'homme, a son âge, il son sexe, à ses habitudes et a ses mœurs ; qu'elle dépend du climat, de la nature du sol, du régime de vie, du degré de civilisation et d'une multitude d'autres circonstances qu'il serait trop long d'énumérer. La chose la plus utile à tel ou tel individu peut être souverainement inutile à tel ou tel autre. Ce qui plait a l'habitant d'un pays sera méprisé ou dédaigné par l'habitant de telle ou telle autre contrée. Il y a certainement très peu de denrées qui puissent se vendre dans tout l'univers, qui trouvent des consommateurs dans toutes les parties du monde.

Les métaux, en général, forment une exception évidente à cette règle. Parmi tous les biens limités que la surface terrestre offre à ses habitants, il n'y en a aucun, je crois, dont le besoin soit plus répandu, dont l'utilité soit aussi généralement sentie que les métaux. Où est le peuple qui ne fasse jamais la guerre, qui soit tout-à-fait dépourvu d'industrie, et qui pour la fabrication de ses armes, comme pour celle d'une foule d'autres instruments plus inoffensifs, puisse se passer de fer ? Le cuivre, l'argent et l'or, de leur côté, ne servent-ils pas à former des vases, des ustensiles, des ornements et des bijoux, de configurations et de destinations bien différentes, sans contredit, mais qui malgré la diversité de leurs services, sont également et parfaitement appropriés aux goûts de tous les hommes, et qui rencontrent des amateurs dans tous les climats, sous toutes les latitudes, et à tous les degrés de civilisation ?

Il suit de la que l'or et l'argent sont demandés par tout l'univers, et qu'il n'y a pas, dans tout le monde civilisé, un seul individu qui ne désire avoir en sa possession de l'or et de l'argent. Puisque l'usage des métaux précieux est généralement répandu chez tous les hommes et dans tous les pays, nous avons raison de dire que les métaux précieux jouissent, plus que toutes les autres marchandises, ou, pour mieux dire, au suprême degré, d'une utilité universelle.

2° L'or et l'argent ont des qualités uniformes par toute la terre. Il n'y a qu'une seule espèce d'or et d'argent. L'or et l'argent tirés des mines de l'Asie sont parfaitement égaux et équivalent de tout point à ceux qui sortent de l'Europe, de l'Afrique et de l'Amérique.

Cette seconde qualité des métaux précieux est encore une propriété dont ils jouissent presque exclusivement. Dans toutes les autres marchandises, ou du moins dans la plus grande partie d'entre elles, il est facile de signaler une infinie variété de mérites et de qualités. Combien y a-t-il, ou pour mieux dire, combien n'y a-t-il pas d'espèces de vin, de laine, de froment ? Combien de qualités de bois, d'huile, d'étoffes et de tissus de toute nature ? Quelle idée pouvons-nous nous faire d'une aune de toile ou de drap, si l'on n'a pas le soin de nous en indiquer la qualité ? Voilà certes un désavantage évident que nous n'éprouvons point lorsqu'il s'agit des métaux précieux. Quand on nous parle d'une once d'or ou d'une livre d'argent, nous savons qu'il est question de la seule et unique espèce d'or ou d'argent qu'il y ait dans la nature.

3° L'or et l'argent sont pour ainsi dire indestructibles, et, tout au moins, ils ne se consomment que fort à la longue. Sans s'altérer au fond, ils changent facilement de forme et de destination. Un plat d'argent, une boite de montre, une pièce de monnaie, peuvent servir pendant une longue suite d'années, et n'avoir perdu, au bout d'un laps de temps considérable, qu'une très-faible partie de leur poids en métal. Quelle est la marchandise ou la denrée dont on puisse en dire autant ?

4° L'or et l'argent sont divisibles à l'infini. La division la plus grande qu'on puisse leur faire subir ne les altère point, et n'affaiblit en rien la valeur totale du fragment qu'on a divisé. Leurs différentes parties se réunissent ou se séparent à volonté, dans la proportion qu'on juge la plus convenable, et tout cela sans le moindre inconvénient.

5° Enfin l'or et l'argent contiennent une grande valeur sous un petit volume, d'où il suit qu'ils sont très facilement et très commodément transportables. Les frais de transport qu'on est obligé de faire pour les envoyer des mines d'où on les extrait jusque dans les pays les plus éloignés, sont peu considérables, et n'ajoutent par conséquent que très peu de chose à la valeur primitive de la marchandise.

Telles sont, si je ne me trompe, les qualités qui distinguent les métaux précieux, les qualités qui en font une marchandise à part, et dont il y a, je crois, peu d'économistes qui n'aient donné une énumération plus ou moins fidèle et plus ou moins méthodique. Quant aux conséquences qui en résultent, quant aux vérités qu'on en peut déduire, ils n'ont pas toujours eu le bonheur de les signaler avec toute l'exactitude et toute la précision désirables. Je vais tâcher de suppléer à leur silence, et de corriger les erreurs qui leur sont échappées.

Section III.
Que les métaux précieux sont les valeurs les plus générales et les plus invariables. Conséquences de cette vérité : la valeur des métaux précieux mesure toutes les autres.

Ce qui caractérise, suivant moi, les métaux précieux, ce qui en fait une marchandise toute particulière, et cela par une suite nécessaire des qualités que je viens de leur reconnaître, c'est que l'or et l'argent sont les plus générales et les plus invariables des valeurs. Ce» deux qualités sont très importantes ; car ce sont elles qui leur assurent le privilège de *mesurer* toutes les autres valeurs, ou de fournir le terme de comparaison destiné à l'appréciation de toutes nos richesses sociales.

Et d'abord les métaux précieux sont la plus générale des valeurs. Cela résulte évidemment de ce qu'ils sont la plus générale des utilités, ou de ce qu'ils ont une utilité universelle. De leur utilité universelle résulte nécessairement une valeur universelle. Il suit de là que leur valeur est connue partout, et que partout c'est la valeur la plus connue.

En second lieu, l'or et l'argent sont la moins variable des valeurs ; cette seconde propriété n'est pas moins importante que la première, mais elle est moins évidente et moins facile à établir : elle exige quelques développements.

« La valeur est une qualité inhérente à certaines chose », dit M. Say ; mais c'est une qualité qui, bien que très réelle, est essentiellement variable comme la chaleur[5]. » Et M. Say a parfaitement raison. La valeur étant une grandeur, il ne faut pas s'étonner de ses variations ; car comment définit-on la grandeur en général ? Tout ce qui est susceptible de plus et de moins. Il suffit donc de réfléchir sur la nature de la valeur pour comprendre facilement que les valeurs puissent Monter et descendre, c'est-à-dire varier à tout propos, et que nous soyons condamnés, sous ce rapport comme sous beaucoup d'autres, à la plus grande instabilité.

Quant à la difficulté de mesurer la valeur et de se rendre compte de ses variations, elle provient évidemment de la difficulté qu'on peut éprouver à trouver une unité de mesure ou à saisir un terme de comparaison qui jouisse de quelque fixité ; et il est certain que, si ce terme de comparaison n'existait point, le projet de mesurer la valeur serait une entreprise chimérique. Heureusement pour nous, ce terme de comparaison existe, et ce sont les métaux précieux qui nous le présentent. La valeur des métaux précieux n'est pas absolument et rigoureusement invariable, il est vrai ; mais du moins elle n'est pas aussi sujette a varier que celle des autres marchandises. Au milieu de cette instabilité perpétuelle qui caractérise toutes les valeurs, les métaux précieux sont la seule marchandise qui présente quelque fixité. Si leur valeur varie, elle varie beaucoup moins que celle des autres marchandises ; elle varie par un moins grand nombre de causes. Précisons nos idées à ce sujet.

À quoi tiennent les différences que nous remarquons dans le taux des différentes valeurs qui se remontrent autour de nous, ou qui se présentent sur nos marchés ? Elles tiennent évidemment à une série de causes plus ou moins actives, dont l'analyse peut devenir très difficile quand on essaie de la pousser un peu trop loin, mais qui n'est point impossible dans de certaines limites, et qui est certainement très nécessaire pour arriver à la solution de la question qui nous occupe. Et en effet, si les économistes avaient bien voulu prendre la peine de rechercher avec quelque scrupule les causes générales qui font varier les valeurs, ils auraient découvert facilement les fondements du privilège que je viens d'attribuer aux métaux précieux.

Si l'on considère d'abord les différentes espèces de biens limités qui se rencontrent autour de nous, ou les différentes espèces de marchandises qui se présentent sur nos marchés, on n'aura pas de peine à se convaincre que, puisqu'il y a pour chaque espèce de denrée ou de production un certain degré de rareté qui varie de marchandise a marchandise, il y a aussi, pour chaque espèce de denrée ou de production, un certain degré de valeur qui diffère de la valeur de chaque autre denrée ou production ; c'est là ce qu'on peut appeler la valeur relative de chaque marchandise, c'est-à-dire sa valeur propre et particulière, par rapport à la valeur de toutes les autres marchandises. C'est ainsi que le poids spécifique des corps désigne pour chaque corps son poids propre et particulier, par rapport à celui de tous les autres corps qui pèsent plus ou moins que lui. En ce sens, l'or et l'argent ont aussi leur valeur relative, leur valeur propre et particulière, par rapport à celle de tous les autres biens limités. L'argent a aussi sa valeur relative par rapport à l'or, et l'or a sa valeur relative par rapport à l'argent, absolument comme ils ont l'un et l'autre leur valeur relative par rapport au cuivre, au fer, au blé, etc. En ce sens les métaux précieux ne se distinguent pas des autres marchandises. Ils forment, dans la vaste échelle des valeurs, deux degrés plus ou moins élevés, comme ils forment aussi deux degrés plus ou moins élevés dans l'échelle des poids spécifiques ou des densités.

Si l'on étudie ensuite une seule espèce de marchandise ou une seule espèce de bien limité, on verra qu'il y a très peu de denrées ou de productions dans lesquelles il ne soit pas possible de distinguer plusieurs variétés, plusieurs nuances de mérites ou de qualités, ce qui équivaut de tout point à plusieurs espèces de marchandises en une seule. Ainsi, par exemple, combien n'y a-t-il pas de sortes de vin, de laine, de froment, d'huile et de café ? Que de variétés, d'espèces de travail, etc. ! On conçoit dès-lors que la valeur de toutes ces denrées varie et puisse varier beaucoup, suivant la qualité que l'on considère. Il n'est pas difficile de trouver du vin, du drap ou de la toile qui se vendent trois fois, quatre fois, six fois plus cher que tel autre vin, ou tel autre drap, ou telle autre toile. Il n'est pas difficile d'indiquer un travail qui se fait payer cent fois plus cher qu'un autre travail.

Ici les métaux précieux commencent à se distinguer profondément, et de la manière la plus saillante, de tous les autres biens limités. Comme ils ont des qualités uniformes par toute la terre ; comme il n'en existe que d'une seule espèce ou d'une même qualité, leur valeur ne saurait varier par les considérations que je viens d'exposer. Une livre d'argent, une once d'or, valent toujours une autre livre d'argent, une autre once d'or. Lorsqu'on parle d'or et d'argent, il est bien entendu qu'on parle de la seule et unique espèce d'or ou d'argent qu'il y ait au monde.

En continuant à étudier les différences qui se présentent dans le taux de la valeur, lorsqu'on ne considère qu'une seule espèce de biens limités et une seuls nature de besoins, il est facile de s'assurer qu'il n'y a point de valeur absolue, par la même raison qu'il n'y a ni chaleur absolue, ni vitesse absolue. Toute valeur est essentiellement relative à un certain temps et à un certain lieu, parce que la rareté

Section III.

dont elle provient est elle-même très susceptible de varier, suivant les temps et suivant les lieux.

Pourquoi la valeur est-elle perpétuellement variable ? dit M. Say. La raison en est évidente : elle dépend du besoin qu'on a d'une chose qui varie selon les temps, selon les lieux, selon les facultés que les acheteurs possèdent ; elle dépend encore de la quantité de cette chose qui peut être fournie, quantité qui dépend elle-même d'une foule de circonstances de la nature et des hommes[6].

Mais ici, il se présente encore une observation toute favorable aux métaux précieux, et que les économistes, en général, et M. Say lui-même, en particulier, ont eu le tort très grave de négliger.

L'or et l'argent sont les marchandises dont la valeur varie le moins d'un lieu in l'autre, ou, pour mieux dire, ils ont une valeur à très peu de chose près uniforme par toute la terre, c'est-à-dire qu'à une époque donnée, leur valeur est la même ou à très peu de chose près la même dans tout l'univers. Cela tient évidemment à ce que l'or et l'argent sont éminemment transportables. Il est incontestable, en effet, que si la valeur des marchandises varie d'un pays à l'autre, c'est principalement en raison des frais de transport qu'on est obligé de faire pour conduire les marchandises du lieu de leur production aux lieux de leur consommation. Or les métaux précieux étant éminemment transportables, par la raison ci-dessus indiquée qu'ils recèlent une grande valeur sous un petit volume, il s'ensuit rigoureusement que les frais de leur déplacement sont extrêmement modérés, ou que ces frais augmentent de très ; peu de chose la valeur primitive de la marchandise. Il n'en est pas de même des autres productions, naturelles on artificielles, dont la valeur est souvent plus que doublée par les frais de transport, et dont la valeur varie, dans tous les cas, d'une manière très sensible par suite des différentes distances qui s'établissent entre les centres nombreux de production et les centres plus nombreux encore de consommation.

L'or et l'argent sont encore les marchandises dont la valeur est sujette aux moindres changements, relativement au temps. Sans doute, sous ce rapport, les métaux précieux ne sont pas parfaitement invariables ; mais les changements qu'ils éprouvent n'ont jamais cette soudaineté et cette brusquerie qui se font très souvent sentir dans les variations de la valeur des autres marchandises. Comme ils sont indestructibles de leur nature, ils ne sont pas sujets aux mêmes inconvénients que les choses qui se consomment et se reproduisent journellement, mensuellement ou annuellement. Il n'y jamais pour eux ni bonne, ni mauvaise récolte, et cela à des intervalles de temps très rapprochés. D'ailleurs, comme ils ont une utilité universelle, et qu'ils trouvent constamment à s'échanger ou à se vendre dans tout l'univers, les variations qui peuvent survenir dans leur valeur doivent se faire sentir sur le plus vaste marché qu'on puisse imaginer, circonstance qui les affaiblit d'autant, et qui les rend presque insensibles.

Je ne prétends pas dire, on le voit bien, que la valeur des métaux précieux ne soit pas ou ne puisse pas être sujette, suivant le temps, à d'assez grandes variations. C'est en cela même que consiste suivant moi le véritable inconvénient de l'or et de l'argent, dans l'emploi que nous en faisons pour l'appréciation de la richesse sociale. Cet inconvénient est réel, et je ne prétends pas le nier ; je n'essaie pas même de l'atténuer ; mais il est inévitable, et, d'un autre côté, il ne faut pas l'exagérer. Sans doute une exploitation des mines mieux entendue, la découverte de nouvelles mines plus productives que les anciennes, sont des faits qui peuvent influer et qui influent réellement sur la valeur des métaux précieux, en en jetant une plus grande quantité sur le marché. Mais ces événements sont rares, et n'arrivent qu'à d'assez longs intervalles de temps. L'effet n'en est jamais ni très sensible ni très soudain. La découverte de l'Amérique est une exception qui confirme la règle. C'est un fait unique dans son espèce, et l'humanité n'est probablement pas destinée à le voir se renouveler.

Je ne préjuge rien ici non plus du rapport qui peut s'établir et qui s'établit réellement entre la valeur de l'or et celle de l'argent. Ce rapport est variable de sa nature ; et l'on conçoit très bien maintenant quelles sont les causes qui peuvent le faire varier. Il peut changer suivant les temps et suivant les lieux ; cependant cette double variation sera toujours fort légère, relativement aux variations de la même nature qui se manifestent dans la valeur des autres marchandises. Et en effet, il y a bien longtemps que ce rapport est à peu près au même état ; et l'on a même remarqué, comme une chose très singulière, que la découverte de l'Amérique, qui a fait baisser considérablement la valeur des métaux précieux, n'a presque point influé sur leur valeur relative ; en sorte que la valeur de l'argent comparée à celle de l'or est aujourd'hui ce qu'elle était dans l'antiquité[7]. D'un autre côté, l'on conçoit qu'à une même époque ce rapport doit être, à peu de chose près, le même dans tout l'univers. Ainsi quelle que soit, à une certaine époque, la valeur de l'or et de l'argent, et quelle que soit, à la même époque, la valeur de l'argent par rapport à celle de l'or, on peut admettre facilement que ces valeurs sont, B très peu de chose près, les mêmes dans tout l'univers ; on peut admettre aussi facilement que ces valeurs sont, à très peu de chose près, les mêmes, à quelques jours, à quelques mois, et même à quelques années d'intervalle.

Ainsi, tandis que la valeur de toutes les autres marchandises varie ou peut varier par plusieurs raisons, et qu'elle est sujette à varier, par chacune de ces raisons, d'une manière extrêmement sensible, la valeur des métaux précieux ne semble guère pouvoir varier que suivant les temps, et encore faut-il convenir que les variations dont elle est susceptible, sous ce rapport, ne sont pas, en général, très considérables, ou que du moins elles ne sont ni brusques ni soudaines. Il me parait donc démontré que les métaux précieux sont la plus invariable des valeurs, comme ils sont aussi la valeur la plus générale.

Or, il résulte de là, suivant moi, que l'or et l'argent peuvent nous servir à *mesurer* les autres valeurs, ou que ce sont les métaux précieux qui nous fournissent le terme de comparaison naturellement destiné à l'appréciation de la richesse sociale.

Quelles sont les qualités nécessaires d'une mesure ? 1° D'être généralement connue. 2° D'être invariable. On conçoit, en effet, que la notoriété et la fixité doivent caractériser les unités de mesure ou les termes de comparaison que l'on emploie à évaluer les différentes grandeurs.

La valeur des métaux précieux est généralement connue. Cela résulte évidemment de ce que leur usage est répandu partout, de ce qu'ils ont une utilité et une valeur universelles. La valeur des métaux précieux est d'ailleurs la seule qui jouisse de cette prérogative. La valeur des métaux précieux n'est pas absolument et rigoureusement invariable, il est vrai. Elle change. suivant le temps, ou, pour mieux dire, il parait prouvé qu'elle décroît continuellement. Tout le monde sait qu'après la découverte de l'Amérique, la valeur des métaux précieux a considérablement diminué de ce qu'elle était dans l'antiquité. Il parait constant que depuis cette époque, la valeur des métaux précieux ne s'est pas maintenue au même niveau, mais qu'elle a continué à décroitre[8]. Voilà le véritable inconvénient qu'elle nous présente, lorsque nous l'employons à mesurer les autres valeurs. Il résulte de cette observation que la valeur des métaux précieux ne peut pas nous servir à comparer des valeurs qui sont séparées l'une de l'autre par un long intervalle de temps, c'est-à-dire par un ou plusieurs siècles. Lorsqu'une appréciation de ce genre est demandée, il faut nécessairement que nous tenions compte du changement qui est survenu dans la valeur du terme de comparaison. Hors de la cette mesure est excellente, et, à défaut de toute autre, il a bien fallu s'en contenter. Les appréciations de richesse que nous sommes appelés à faire tous les jours, ne se bornent pas a comparer des valeurs qui soient séparées par un long espace de temps. Les appréciations de ce genre, reléguées, pour la plupart, dans le domaine de la science et de la statistique, ne forment que le très petit nombre des comparaisons dont il nous importe de connaître le résultat. Les évaluations les plus nombreuses et les plus fréquentes que nous ayons in faire, se rapportent évidemment à des valeurs placées autour de nous on in quelque distance du lieu que nous habitons, et qui, relativement au temps, ne sont séparées les unes des autres que par quelques jours, ou par quelques mois, rarement par plusieurs années. Or la valeur des métaux précieux, malgré l'élément de variabilité que j'ai reconnu en elle, nous présente encore un type assez constant et assez fixe pour toutes les évaluations de ce genre. Dans tous les cas, il nous est impossible d'en avoir un meilleur ; car s'il en existait un qui nous eût paru préférable, nous l'aurions très certainement préféré, et il est probable que nos ancêtres en auraient fait autant. Mais puisque dans tous les temps et dans tous les pays où les métaux précieux ont été connus, on les a employés à mesurer les valeurs, il faut bien qu'ils aient un titre incontestable à la préférence dont ils sont l'objet.

Section IV.
De l'imperfection de la doctrine des économistes sur la question de la mesure de la valeur. Inconséquences remarquable de M. Massias.

La question de la mesure de la valeur a été pour les économistes une véritable pierre d'achoppement. Ils se sont complètement fourvoyés dans cette partie de leur doctrine. Il y a peu de théories économiques où il règne plus d'obscurité, de confession et de contradiction, et c'est ici surtout que se fait sentir, de la manière la plus fâcheuse, l'influence de tous les divers principes, faux ou incomplets, qui se sont établis sur la nature même de la valeur et sur son origine. Adam Smith parait toujours supposer, dans ses recherches, que la valeur est une grandeur appréciable ; il parle très positivement de la mesure de la valeur, qu'il ne regarde point, ainsi que M. Say, comme une entreprise chimérique, et il s'occupe même de lui trouver au terme de comparaison. Jusque là on ne peut qu'applaudir à la justesse de vues d'Adam Smith ; il faut bien rendre justice à la rectitude de son instinct. Mais cette première inspiration du philosophe écossais a été complètement compromise par la nature même de la mesure que Smith s cru devoir adopter. Et en effet, Adam Smith s'est malheureusement imaginé que le travail était la véritable mesure de la valeur. Il est difficile de comprendre comment Adam Smith a pu se faire illusion, ne fut-ce qu'un instant, sur l'évidente impropriété d'une pareille mesure. Certes, s'il y a au monde une valeur variable, une valeur essentiellement et prodigieusement variable, c'est le travail ; et de toutes les saleurs qui se présentent autour de nous, il n'y en a pas de plus impropre à nous fournir un terme de comparaison. Aussi la doctrine de Smith, à ce sujet, n'a pas fait fortune. Elle a été unanimement repoussée par tous ses successeurs. Il n'y ai que M. Garnier, son traducteur, qui se soit cru obligé de la soutenir. Quant aux autres disciples d'Adam Smith, je le répète, ils ont tous abandonne et combattu leur maitre, sur cette partie de sa doctrine, et, selon moi, ils ont eu complètement raison. Mais, d'un autre côte, ils ont eu le tort d'aller trop loin. De ce que la valeur ne se mesure point par le travail, ils n'auraient pas dû conclure, ce me semble, qu'il n'y avait aucun autre moyen de la mesurer. C'est pourtant là qu'ils eu sont tous venus. Il n'y a presque pas d'auteur aujourd'hui qui ne récrie très fortement contre la prétention de mesurer la valeur, ou de lui trouver un terme de comparaison. Il répètent à satiété que la valeur est essentiellement variable, qu'il n'y a rien de plus variable que la valeur, que la valeur ne peut se mesurer que par la valeur toutes choses que je suis fort éloigné de leur contenu, et ils ajoutent, ce qui me parait beaucoup moins évident, qu'il n'y a pas de valeur moins variable que les autres, et qu'il n'y a pas l'entreprise plus chimérique que celle de vouloir mesurer la valeur. En un mot, la doctrine économique généralement proclamée aujourd'hui, c'est que la valeur ne peut point se mesurer, faute d'un terme de comparaison ou d'une unité de mesure.

Mais à quoi sert de se roidir contre les faits, et de vouloir les contester, alors même qu'ils tombent sous les sens ? De ce que Smith a commis une grossière erreur, en avançant que le travail était la véritable mesure de la valeur, il ne s'ensuit pas rigoureusement que nous soyons dans l'impossibilité absolue de mesurer la valeur, ou d'apprécier la richesse sociale. Il s'ensuit seulement qu'il faut chercher un terme de comparaison moins variable que le travail. Or, je viens de prouver que les métaux précieux sont une valeur peu variable, en comparaison de toutes les autres, et j'en ai conclu assez légitimement, ce me semble, que les métaux précieux nous offrent ce terme de comparaison.

En vain objecterait-on que l'or et l'argent sont des valeurs variables, et qu'ils ne remplissent pas parfaitement conditions d'une mesure. Je ne prétends point soutenir que la valeur des métaux précieux soit absolument invariable ; mais j'affirme, et le prouve, que la valeur des métaux précieux varie moins que celle de toutes les autres marchandises, qu'elle varie par une seule et unique raison. Ceux qui ont combattus l'opinion que je professe ici, se sont montrés trop rigoureux en comparant l'or et l'argent aux mesures de longueur ou de superficie qui jouissent d'une invariabilité bien reconnue et bien constante. Mais toutes les mesures ne sont pas aussi parfaites que le mètre ou la toise, l'hectare ou l'arpent. L'humanité n'est pas toujours dans une position aussi commode que lorsqu'il s'agit de mesurer l'étendue. Il y a beaucoup de mesures qui ne présentent pas le même degré de perfection que le mètre ou la toise, l'arc ou l'arpent, et l'on s'en sert, faute de mieux. Ainsi, pour mesurer la force d'une machine, on prend pour terme de comparaison la force d'un cheval, et l'on dit d'une machine à vapeur ou de toute autre qu'elle a la force de vingt chevaux, de trente chevaux. Or, je demande si la force d'un cheval est une quantité bien déterminée, bien constante, parfaitement invariable ? Est-il bien difficile de trouver quinze chevaux qui soient plus forts que vingt autres chevaux ? Est-il bien difficile de trouver un cheval qui fasse, à lui tout seul, la besogne de plusieurs autres ? Ainsi pour mesurer la longueur elle-même, on employait autrefois la palme, la coudée, mesures bien évidemment imparfaites, puisque la palme et la coudée varient d'une personne à une autre personne, et que deux palmes et deux coudées ne se ressemblent qu'à peu près. Cependant c'étaient la de véritables mesures, et personne ne s'est avisé de leur contester ce titre. Pourquoi se montrerait-on plus rigoureux à l'égard des métaux précieux ?

D'ailleurs il ne s'agit pas ici d'une théorie, d'une découverte, d'une innovation ; il s'agit d'un fait constant et irrécusable. Il est évident que tous les jour, on mesure la valeur de toutes les marchandises par la valeur des métaux précieux. Cela est usité chez tous les peuples, dans tous les pays, depuis l'antiquité a plus reculée. Il est impossible de nier le fait : c'est là pourtant ce que prétendent faire nos économistes. Mais est-ce expliquer les faits que de les nier ? non. L'explication des faits peut être difficile ; mais il faut la chercher, et, si on ne la trouve point, avouer qu'on ne la trouve point.

Personne n'ignore que la valeur de chaque marchandise, lorsqu'on veut s'en faire une idée exacte, s'exprime par la valeur correspondante d'une somme d'or ou d`argent. C'est là ce qu'indique l'idée du prix. Le prix, comme chacun sait, c'est la valeur d'une marchandise exprimée en argent ; et, en ce sens, le prix est la mesure de la valeur. Toutes les fois qu'on veut se faire ou exprimer l'idée d'une valeur, on la met sous la forme d'une somme d'or ou d'argent. Lorsqu'un veut indiquer le taux d'une valeur quelconque, lorsqu'on veut faire connaitre la fortune d'un particulier ou le revenu d'un État, on le fait par le moyen de l'or ou de l'argent. On énonce la quantité d'or ou d'argent dont la valeur est cigale à celle du la marchandise dont il s'agit, à la fortune ou au revenu que l'on considère. Envisagés de cette manière, les métaux précieux s'appellent filent le numéraire, parce qu'ils servent a compter ou à mesurer le taux des différentes valeurs, à apprécier les différentes possessions.

Cette appréciation est de même nature que celles que l'on fait tous les jours, à propos des longueurs et poids. Voici, je suppose, une pièce de toile. Vous dites qu'elle pèse vingt-cinq livres, qu'elle tire trente aunes de long, et qu'elle coûte quatre-vingts francs. Maintenant dites-moi, de grâce, s'il n'y a pas la plus étroite analogie entre les trois expressions dont vous venez de vous servir, et si la troisième n'exprime pas, comme les deux premières, et aussi bien que les deux premières, un rapport de grandeur, une appréciation du quantité. En disant que la pièce de toile pèse vingt-cinq livres, vous me donnez une idée exacte de son poids ; en disant qu'elle tire trente aunes de long, vous me donnez une idée exacte de sa longueur ; mais en disant qu'elle coute quatre-vingts francs, ne me donnez-vous pas également une idée exacte de sa valeur ? La livre et l'aune sont des unités de mesure ; ce sont des unités de poids et de longueur. En serait-il autrement du franc ? Peut-on y méconnaître une unité de valeur ? Et tout le monde ne sait-il point que le franc ; est une certaine quantité d'argent ?

Mais j'en ai déjà fait la remarque ailleurs, et c'est un principe dont on peut se convaincre tous les jours, la vérité est plus forte que tous les systèmes. En dépit des préjugés, elle pénètre dans l'intelligence même qui la repousse, elle s'échappe du cerveau qui la retient captive ; elle oblige tout esprit droit à la reconnaître, même à son insu. En voici une preuve très convaincante.

« De la nécessité d'un agent d'échange universel dit M. Massias, naît la nécessité de ce qui le fait ce qu'il est. Or, ce qui lui donne cette propriété n'est pas, ainsi que nous venons de le voir, de figurer, de garantir, de mesurer les valeurs, mais d'être facilement comparable à chacune, à leurs fractions et à leurs multiples ; de les rendre comparables les unes aux autres, de se substituer à elles et de les déplacer à volonté.

« Il tire cet avantage, qu'il a par-dessus tous les autres objets échangeables, des propriétés que nous avons reconnues en lui. Sa divisibilité le rend comparable aux moindres et aux plus grandes quantités ; le type qu'il reçoit le fait d'abord reconnaitre, et garantit l'exactitude de ses opérations ; sa mobilité le rapproche des objets les plus distants ; son abondance le rend applicable à toutes les transactions ; sa rareté, tout en le faisant rechercher pour lui-même, le rend d'un usage facile et commode.

« Mais il doit avant tout son aptitude à servir de terme de comparaison, aux qualités qui en font la plus générale et la moins variable des valeurs, et en ce qu'il porte en lui le correctif des variations qui l'affectent accidentellement.

« Le travail, qui procure les métaux précieux mêmes ; le riz et le blé, qui nourrissent les deux moitiés du monde, sembleraient d'abord d'une valeur encore plus générale : mais remarquez que l'industrie ne produit qu'au moyen des avances qu'elle fait ; que, dans l'état social, le travail, le blé, le riz sont obtenus avec de l'argent ; que son pouvoir d'acheter n'est point une qualité adventice qu'on puisse lui donner ou lui retirer à volonté, puisqu'il est impossible que les peuples s'entendent pour se priver de l'instrument nécessaire de sociabilité, et ne point faire usage des qualités constitutives qui lui ont été données a cet effet. Que l'on soit en Asie ou en Europe, en Sibérie ou au Japon, l'or se transforme en tout ce que nous aimons ; chose qu'on ne peut dire du travail, du riz et du blé. Or, *la plus générale des utilités est la plus générale des valeurs.*

L'or et l'argent sont la moins variable des valeurs. Ceci ne souffre aucune difficulté dans ce qui concerne leurs propriétés natives. Susceptibles d'être séparés de toute espèce d'allisge, et une fois purifiés, ils sont dans tous leurs éléments égaux à eux-mêmes. Tel or et tel urgent ne diffèrent point de tel or et de tel argent. On ne peut en dire autant du travail ; quelle différence entre celui de l'homme faible et de l'homme robuste, du forgeron et du bijoutier, du porte-faix et du philosophe ! que de variétés, d'espèces, de qualités de riz et de froment !

La valeur moyenne, il est vrai, du prix du blé, pendant un siècle ou un demi—siècle, est peut-être plus invariable que celle de l'or et de l'argent, et une quantité de cette denrée, durant cet espace de temps, procure plus également une même quantité de choses utiles. Mais à quoi bon, si, tous les trois ou quatre ans, sa valeur varie, hausse ou baisse de plus de moitié ? Les échanges n'ont pas seulement lieu à la fin de chaque siècle : ils sont de tous les jours, de tous les moments ; il leur faut pour s'effectuer rapidement et sans hésitation, un terme de comparaison moins fautif et moins inconstant. Quel embarras, quelle confusion dans les achats et les ventes, si, tous les trois ou quatre ans, il fallait déterminer le prix véritable de l'or et de l'argent qui les opère ! s'il devait y avoir une mercuriale pour la monnaie, comme pour le grain ! si, dans le temps de disette, la société devait doubler son numéraire pour avoir une même quantité de choses nécessaires à la vie ! Supposez que toute la masse monétaire soit, ainsi que le blé, produite en une année, et consommée tous les ans ou tous les deux ans, alors l'argent éprouvera aussi une hausse et une baisse proportionnée à sa bonne ou mauvaise récolte ; mais il faut une longue série d'années pour le consommer et le détruire, et pour qu'il se lasse une augmentation ou une diminution sensible dans sa quantité et dans sa valeur, qui doit ainsi, en partie, sa fixité à la durée du métal auquel elle est attachée. Comme l'argent est employé par toutes les nations, et qu'on en désire d'autant plus qu'on en possède davantage ; comme de grandes quantités ajoutées aux anciennes n'en sont pas subitement jetées dans la circulation, qu'il se porte soudain la où il s'en fait un vide, et qu'il tend sans cesse à se mettre en équilibre ; comme sa consommation, par le détritus des monnaies, les dorures, les enfouissements et sa conversion en ustensiles, est à peu près égale à son émission, il arrive qu'il faut des siècles pour que l'accroissement de sa masse devienne sensible au point d'influer sur les échanges. Une soudaine augmentation, un débordement de métaux précieux est aussi rare que ces perturbations de notre planète qui la bouleversent momentanément sans néanmoins changer l'ordre général des choses[9].»

J'aurais pu supprimer dans ce passage quelques mots et quelques membres de phrase qui forment disparate et même contraste avec le reste. J'ai préféré les conserver, afin que le lecteur pût mieux juger de la logique de M. Massias, et qu'il fût en état de saisir la contradiction dans laquelle cet écrivain distingué s'est laissé tomber. On voit, par cette citation, que M. Massias est plus vivement préoccupé de la nécessité de favoriser les échanges, et du rôle que jouent les métaux précieux comme marchandise intermédiaire, ou comme monnaie, que de la *mesure* de la valeur et de l'appréciation de la richesse sociale. C'est malgré lui, pour ainsi dire, et comme sans s'en apercevoir, qu'il expose les qualités fondamentales des métaux précieux sur lesquelles j'ai appuyé une opinion que M.

Massias ne partage point avec moi. Mais les observations de cet habile économiste, en ce qu'elles ont de conforme avec les miennes, n'en sont pas moins frappantes de vérité et de justesse, et puisqu'il m'accorde le principe de mon assertion, je saurai bien lui arracher la conséquence. M. Massias en vient, comme on le voit, à considérer les métaux précieux comme des termes de comparaison. Il établit d'une manière très brillante, quoique moins complète que je ne l'ai fait, que l'or et l'argent sont la plus générale et la plus invariable des valeurs. On doit s'étonner après cela que M. Massias n'ait pas saisi toute la portée de sa doctrine, et qu'il se soit obstiné à soutenir que les métaux précieux n'étaient point la mesure des valeurs. M. Massias a donc oublié, pour un moment, l'identité qui existe entre un terme de comparaison et une unité de mesure.

Section V.

Analyse et réfutation de la doctrine de M. Say, sur l'impossibilité de mesurer la valeur.

Il me semble que M. Say n'a pas été plus heureux que M. Massias, dans son analyse de la nature et des fonctions des métaux précieux. M. Say a traité fort au long, et d'une manière très remarquable, la question de la monnaie. Quant à la question de la mesure de la valeur, il ne l'a abordée que d'une manière tout-à-fait indirecte, et il s'en est fait, suivant moi, une très fausse idée. M. Say soutient, comme M. Massias, que la valeur ne peut pas se mesurer ; mais les raisons qu'il en donne ne me paraissent point concluantes.

« On peut apprécier la valeur des choses, dit M. Say ; on ne peut pas la mesurer, c'est-à-dire la comparer à un type invariable et connu, parce qu'il n'y en a point[10]. »

J'en demande pardon à M. Say ; mais je ne comprends pas la différence qu'il établit entre l'appréciation et la *mesure* de la valeur. Ces deux mots indiquent pour moi la même chose, et il me semble que tout le monde doit être d'accord là-dessus.

Tout le monde sait que nous entendons par grandeur tout ce qui est susceptible de plus ou de moins, tout ce qui est conçu comme pouvant être augmenté ou diminué. Personne n'ignore, d'un autre côté, que, lorsque nous considérons les différentes grandeurs qui se présentent à nous dans l'univers, nous ne tardons pas à saisir, parmi elles, une différence caractéristique qui nous oblige à les diviser en deux classes. Il y a des grandeurs appréciables, et des grandeurs inappréciables. Les grandeurs appréciables sont celles qui peuvent se mesurer, c'est-à-dire se comparer entre elles d'une manière exacte et rigoureuse, telles que la durée, l'étendue, la chaleur, la vitesse, la pesanteur, etc. ; les grandeurs inappréciables, au contraire, sont celles qui ne peuvent pas se mesurer, c'est-à-dire se comparer entre elles d'une manière exacte et rigoureuse, telles que la santé, la beauté, l'intelligence le courage, et mille autres qualités physiques et morales de la même espèce. Or, tout le monde sait encore que les grandeurs inappréciables ne font point l'objet des mathématiques, c'est-à-dire qu'elles ne donnent jamais lieu à des additions, à des soustractions, à des multiplications et à des divisions. Les mathématiques s'occupent exclusivement des grandeurs appréciables ou rigoureusement comparables entre elles. Ce sont celles-ci, et celles-ci seulement, qui peuvent donner lieu à des computations et à des calculs. *Mesurer*, en terme de mathématiques n'est autre chose qu'exprimer le rapport ou le résultat d'une comparaison qui s'établit entre une grandeur appréciable déterminée et la grandeur de même espèce qu'elle, qu'on a pris pour terme de comparaison ou pour unité de mesure. *Mesurer* n'est donc autre chose qu'apprécier, et apprécier c'est *mesurer*. Or, déjà j'ai démontré ailleurs[11] que la valeur était une grandeur appréciable, d'où il résulte qu'elle peut être mesurée, et que la seule difficulté que nous puissions éprouver pour la mesurer réellement, consiste à trouver un terme de comparaison qui puisse nous servir à cette mesure, ou, si l'on veut, à cette appréciation, c'est-à-dire un terme de comparaison suffisamment connu et passablement invariable. J'ai développé ci-dessus les raisons qui me portent à croire que l'or et l'argent sont précisément ce terme de comparaison nécessaire, parce qu'ils sont les valeurs les plus générales et les plus invariables. Je suis donc en droit de conclure que l'or et l'argent sont naturellement destinés à servir de mesure pour la valeur. Et, en effet, l'expérience de tous les jours et de tous les moments nous prouve que la valeur se mesure par le moyen de l'or et de l'argent.

Ce qui s'oppose à ce qu'on mesure la valeur, suivant M. Say, c'est que l'on ne peut pas la comparer avec un type invariable et connu, parce qu'il n'y en a point. Je commencerai par repousser la seconde partie de son assertion. Il y a, en fait de valeur, un type universellement connu, et très connu ; c'est la valeur des métaux précieux. De ce que l'or et l'argent ont une utilité universelle, il s'ensuit rigoureusement que leur valeur est universelle, c'est-à-dire qu'elle est parfaitement connue en tout temps et en tous lieux. Ainsi, s'il manque quelque chose aux métaux précieux, ce n'est pas d'être également connus. Ils jouissent, sans contredit, et quoi qu'en dise M. Say, de cette notoriété nécessaire a un instrument de mesure ou à un terme de comparaison. J'ajouterai à cela que mon assertion n'est pas tellement dénuée de fondement que M. Say lui-même n'ait été forcé d'en convenir.

« Dans les usages ordinaires de la vie, dit M. Say, c'est-à-dire lorsqu'il ne s'agit que de comparer la valeur de deux choses qui ne sont séparées ni par un long espace de temps, ni par une grande distance, presque toutes les denrées qui ont quelque valeur peuvent servir de mesure ; et si, pour désigner la valeur d'une chose, même lorsqu'il n'est question ni de vente ni d'achat, on emploie plus volontiers, dans cette appréciation la valeur des métaux précieux, ou de la monnaie, c'est parce que *la valeur d'une certaine quantité de monnaie est une valeur plus généralement connue que toute autre*[12].

En second lieu, la valeur des métaux précieux est-elle aussi essentiellement variable que celle de toutes les autres marchandises ? Non. Et c'est ce que j'ai établi ci-dessus d'une manière qui me paraît satisfaisante. Et en effet j'ai démontré que la valeur de toutes les autres marchandises variait par trois raisons principales : 1° en raison de la qualité supérieure, médiocre ou inférieure de la marchandise ; 2° en raison du lieu, c'est-à-dire en raison de la distance qui existe depuis le lieu de la production jusqu'au lieu de la consommation, distance qui admet toujours une multitude de degrés ; 3° en raison du temps, c'est-à-dire à cause de la différence qui peut survenir, tant dans la quantité offerte que dans la quantité demandée, et cela, par l'influence de la mode, du besoin, du caprice des saisons, et de mille autres circonstances qu'il est impossible d'énumérer. Or, j'ai parfaitement démontré que, sous le premier point de vue, la valeur des métaux précieux était absolument et rigoureusement invariable ; que, sous le second point de vue, la valeur des métaux précieux variait et devait nécessairement varier de si peu de chose, qu'on pouvait très bien négliger une variation aussi légère. Enfin, la valeur des métaux précieux varie, il est vrai, et j'en suis convenu, par le troisième motif, c'est-à-dire suivant le temps. La découverte de l'Amérique en est une preuve sans réplique. La valeur des métaux précieux a considérablement baissé dans les premières années du XVIe siècle, et, depuis cette époque, il paraît qu'elle a continué à décroître. Mais la variation qui se fait sentir dans la valeur de l'or et de l'argent est assez lente, en général, et ne devient sensible qu'au bout d'un temps considérable. Il suit de là, tout le monde peut s'en convaincre, que si la valeur des métaux précieux n'est pas absolument et rigoureusement invariable, elle est au moins peu variable, et, dans tous les cas, c'est la valeur la moins variable. Or, cela ne suffit-il point pour lui assurer le privilège que nous lui accordons de mesurer toutes les autres valeurs ? Enfin, l'expérience de tous les temps et de tous les lieux vient appuyer ma doctrine, et prononcer contre celle de M. Say, car, partout et toujours, on a mesuré la richesse sociale par le moyen de l'or et de l'argent.

« Une toise ou un mètre sont de véritables mesures, dit M. Say, parce qu'elles me présentent toujours à l'esprit l'idée d'une même grandeur. Fussé-je au bout du monde, je suis certain qu'un homme de cinq pieds six pouces, mesure de France, a la même taille qu'un homme de cinq pieds six pouces en France. Si l'on me dit que la grande pyramide de Ghizé a cent toises de largeur à sa base, je peux, à Paris mesurer un espace de cent toises, et me former une idée exacte de cette base ; mais si l'on me dit qu'un chameau vaut au Caire 50 sequins, qui font environ 2,500 grammes d'argent, ou 500 francs, je n'ai pas une idée précise de la valeur de ce chameau, parce que les 500 francs d'argent valent indubitablement moins à Paris qu'au Caire, sans que je puisse dire de combien ils sont inférieurs en valeur[13]. »

N'en déplaise à M. Say, une livre d'argent, une once d'or, sont de véritables mesures, tout aussi bien qu'une toise ou un mètre, et cela, par la raison bien simple et que j'ai déjà exposée ci-dessus, qu'une livre d'argent et une once d'or présentent toujours à l'esprit l'idée ci une même grandeur, c'est-à-dire l'idée d'une valeur peu de chose près la même. Je ne nie pas, il est vrai, et je l'ai déjà reconnu, que la valeur d'une livre d'argent et la valeur d'une once d'or ne puissent varier avec le temps et que dès lors une somme de 500 francs ne puissent valoir aujourd'hui plus ou moins qu'elle ne valait il y a cent ans, ou qu'elle ne vaudra dans cent ans d'ici. Mais à quelque époque qu'on se place, trois livres d'argent vaudront toujours le triple d'une livre du même métal et quatre onces d'or seront toujours pour celui qui les possédera une richesse deux fois plus considérable que deux onces d'or. Voilà ce qui suffit pour assurer à une certaine quantité d'or ou d'argent le titre de mesure. La pesanteur n'est pas uniforme par toute la terre. Elle varie avec les latitudes, et avec les distances du centre de la terre au point d'observation. Elle est plus sensible aux pôles que sous l'équateur elle est plus grande au niveau des mers, et plus faible au sommet des hautes montagnes. Cela n'empêche pas qu'on ait des unités de mesure pour comparer les pesanteurs ; cela n'empêche pas qu'un décimètre cube d'eau ne pèse, sous le même degré de latitude et à la même hauteur, mille fois autant qu'un centimètre cube de la même substance. Les effets de la chaleur varient aussi suivant les circonstances. L'eau entre plus tôt ou plus tard en ébullition, suivant la pression atmosphérique. De la vient que pour fixer le point d'ébullition dans un thermomètre, il faut avoir égard à une certaine hauteur du baromètre. Mais cela n'empêche pas qu'un certain volume d'eau n'entre toujours en ébullition au même degré de chaleur sous la même pression atmosphérique et que l'ébullition de l'eau sous la même pression atmosphérique n'indique toujours le même degré de chaleur. On voit, par ces divers exemples, que, lorsqu'il s'agit de comparer des grandeurs appréciables, ou de les mesurer, on n'est pas toujours aussi heureusement placé que lorsqu'il s'agit de mesurer l'étendue. M. Say se donne beau jeu en nous opposant le mètre et la toise ; mais en vérité il triomphe trop facilement. Il y a bien des choses dans le monde, outre les longueurs, les surfaces et les volumes que nous avons intérêt à mesurer, ou dont il nous importe de connaître les degrés et l'intensité ; mais tout le monde peut sentir qu'il n'est pas toujours facile d'avoir des unités de mesure ou des termes de comparaison aussi commodes que le mètre, l'are, le litre, ou les mesures correspondantes de l'ancien système. Les quantités que nous sommes obligés de prendre pour termes de comparaison sont quelquefois sujettes à varier, et alors nous sommes réduits à choisir d'abord celles qui varient le moins, et ensuite à corriger, autant que la chose est possible, les variations qui, par leur importance, s'opposeraient à des appréciations suffisamment exactes. Ainsi, par exemple, lorsqu'il s'agit de la chaleur, nous ne pouvons pas même la mesurer directement, Nous sommes obligés de prendre comme signe d'échauffement la dilatation des corps ; et, comme il arrive que la dilatation n'est pas toujours proportionne au degré de la chaleur, il faut, de toute nécessité, que nous prenions pour terme de comparaison le corps dont la dilatation parait se proportionner au degré d'échauffement avec le plus d'exactitude. Tout te monde sait que c'est le mercure qui se dilate de la manière la plus proportionnelle à sa chaleur, depuis 0 jusqu'à 80° c'est-à-dire depuis la température de la glace fondante jusqu'à celle de l'eau bouillante ; et voilà pourquoi la dilatation du mercure devient, entre ces deux limites la meilleure mesure de la chaleur.

Ainsi encore, pour citer un exemple du second procédé, lorsque nous voulons mesurer la durée nous avons recours au mouvement du pendule, dont les oscillations isochrones deviennent un excellent terme de comparaison. Cependant personne n'ignore que la durée des oscillations varie suivant la longueur du pendule ; or, le pendule se dilate et se contracte suivant les variations de la température ; et, comme il est impossible de maintenir le pendule à une température constante, il a bien fallu trouver un moyen de corriger les altérations qui peuvent survenir dans le mouvement de cet instrument, suivant les alternatives du froid et du chaud. C'est ce à quoi on est habilement parvenu.

« On sait, dit M. Biot, que tous les corps se dilatent par la chaleur et se contractent par le froid. Dans le premier cas, le pendule s'allongeant, le centre d'oscillation s'abaisse, et les oscillations deviennent plus lentes. Dans le second cas, le centre d'oscillation s'élevant, le pendule devient plus court, et sa marche s'accélère. On a imaginé d'opposer cette cause à elle-même, en assemblant des verges de métal de matines différentes, et qui se dilatent inégalement, de sorte que, quand le pendule s'allonge par l'effet de la dilatation, la lentille qui le termine se trouve en même temps rehaussée ; et, au contraire, lorsque le pendule se raccourcit par le froid, la position de sa lentille s'abaisse ; de sorte que, par ces effets opposés, le centre d'oscillation demeure toujours immobile, et les oscillations restent isochrones. Les appareils de ce genre se nomment des *compensateurs*[14]. »

Le mouvement du pendule étant uniquement dû à la pesanteur, doit varier avec la pesanteur elle-même. Les oscillations du pendule doivent être plus tentes si la pesanteur diminue, plus rapides si elle augmente. De là, la nécessité d'une nouvelle correction. Un pendule qui bat exactement les secondes à Paris, oscille plus lentement sous l'équateur, et plus vite dans les contrées du Nord. Aussi, pour qu'il continue de marquer les secondes exactes, il faut qu'il soit raccourci sous l'équateur et allongé sous les pôles.

Deux quantités d'argent elles-mêmes, prises au temps et au même lieu, n'indiquent pas toujours la même valeur, par la seule raison qu'elles ont le même poids il faut encore qu'elles soient au même titre, c'est-à-dire qu'elles contiennent la même quantité de métal fin. Mais tout le monde comprend qu'il est facile de corriger la différence du titre par la différence du poids, et réciproquement la différence du poids par celle du titre. Ainsi, une livre d'argent à 4/5 équivaudra à une livre d'argent à 4/5 ; mais il faudra trois livres d'argent à 6/10de fin, pour exprimer la même valeur qu'on exprimerait par deux livres même métal au titre de 9/10.

Les variations qui peuvent survenir dans la valeur des métaux précieux, d'une époque à une autre époque, ne s'opposent donc point, comme on le voit, à ce qu'on les emploie à mesurer les valeurs ou à comparer les richesses sociales ; seulement elles nous obligent à trouver un moyen de reconnaître et de corrige) ces variations. Or, j'ai déjà dit que pour mesurer, par le moyen de métaux précieux, des valeurs placées à plusieurs siècles d'intervalle, il fallait tenir compte du changement survenu dans la valeur des métaux précieux ; c'est ce qu'on fait ordinairement, en prenant pour terme de comparaison la valeur moyenne du froment ; c'est ce que M. Say a fait lui-même et ce qu'il nous a enseigné à faire dans le vingt-huitième chapitre de son premier livre[15].

Mais s'il est vrai que la valeur de l'or et de l'argent varie suivant les temps, il n'est pas également vrai qu'elle varie, ou que du moins elle varie sensiblement suivant les lieux. La valeur des métaux précieux est à peu près la même, à une époque donnée, dans tout le monde commerçant ; et j'ai exposé ci-dessus les raisons qui doivent nous faire admettre ce principe comme un fait incontestable. L'or et l'argent étant éminemment transportables, parce qu'ils contiennent une grande valeur sous un petit volume, les frais qu'il faut faire pour les transporter d'un pays à l'autre sont si peu de chose, qu'ils influent à peine sur la valeur primitive de la marchandise. Il suit de là qu'une livre d'or a à très peu de chose près, la même valeur à Londres qu'à Paris, la même valeur à Pétersbourg qu'à Londres. Et c'est ici une vérité que M. Say lui-même a reconnue en termes assez clairs « La denrée alimentaire de l'usage le plus général, dit M. Say, est une mauvaise mesure des valeurs à de grandes distances. Les métaux précieux n'en sont pas une bien parfaite non plus ils valent incontestablement moins en Amérique et aux Antilles qu'ils ne valent en Europe, et incontestablement plus dans toute l'Asie, puisqu'ils s'y rendent constamment. *Cependant la grande communication qui existe entre ces parties du monde, et la facilité de les transporter, peuvent faire supposer que c'est encore la marchandise qui varie le moins dans sa valeur en passant d'un climat dans l'autre*[16].

M. Say nous fait ici, comme on le voit, une assez grande concession, en admettant que la valeur de l'or et de l'argent est celle qui varie le moins d'un climat à l'autre ; mais cette concession est encore mieux marquée dans le passage suivant : « Les voyageurs prétendent qu'à la Chine la valeur de l'or est, relativement à celle de l'argent, comme 12 à 13 est à 1 et, au Japon, comme 8 à 9 est à 1. Mais ces proportions ont dû changer, et, dans tous les cas, *se rapprocheront* de celles d'Europe et d'Amérique, par suite des transports considérâmes de métal d'argent qui se font en Asie[17]. »

Si la valeur comparée de l'or à l'argent tend à se rapprocher, en Asie, de ce qu'elle est en Europe et en Amérique, ne peut-on pas dire aussi que la valeur absolue des métaux précieux tend a être la même, ou, à très peu de chose près, la même dans tout l'univers ? Si la valeur de l'or et de l'argent est un peu plus forte en Europe et en Asie qu'elle ne l'est en Amérique, cela tient évidemment aux frais de transport qui, dans le premier cas, s'ajoutent à la valeur de la matière. Abstraction faite de cette circonstance, la valeur des métaux précieux, considérés en eux-mêmes, est identique dans tout le monde commerçant et en effet, une bouteille de vin de Bordeaux ou de Champagne vaut un certain prix qui est le même pour l'habitant de Bordeaux ou d'Épernay, que pour l'Anglais qui demeure à Londres, et pour le Russe qui demeure à Saint-Pétersbourg. Mais l'habitant de Bordeaux ou d'Épernay n'a pas d'autre sacrifice à faire, pour se procurer la jouissance d'une bouteille de vin, que d'en payer la valeur au lieu où il se trouve, qui est le lieu où croit le vin tandis que l'habitant de Londres et celui de Saint-Pétersbourg qui veulent se procurer la même jouissance, doivent ajouter au prix du vin la valeur des frais de transport. Tout le monde convient, comme on le voit, que les métaux précieux sont les marchandises les plus faciles à transporter, celles par conséquent dont les frais de transport sont le moins considérables ; par où l'on voit que la valeur de l'or et de l'argent augmente de bien peu de chose lorsque ces métaux précieux passent d'un pays à l'autre, et que des lors il n'est pas trop inexact de dire que l'or et l'argent ont la même valeur dans tout l'univers.

Il suit de là que si l'on vient nous dire qu'un chameau vaut au Caire 50 sequins, en sachant que 50 sequins 2,500 grammes, ou 500 francs, nous pouvons nous faire une idée passablement juste de ce que vaut un chameau, et nous pouvons très bien apprécier la richesse sociale d'un homme qui posséderait au Caire quinze ou vingt chameaux ; car, encore une fois, 50 sequins et 500 fr. sont une valeur à très peu près égale pour l'habitant du Caire et pour celui de Paris, puisqu'il y a, d'un côté comme de l'autre, le même poids d'argent, savoir 2,500 grammes ; et par conséquent, celui qui possède au Caire quinze ou vingt fois 2,500 grammes d'argent est, à très peu de chose près, aussi riche que celui qui possède à Paris la même valeur.

Mais il y a, dans ce dernier exemple allégué par M. Say, une ambiguïté très dangereuse, qu'il est indispensable de relever, et qui éclate encore mieux dans le passage suivant, où je vais la signaler et la combattre.

« La mesure commune de deux valeurs (si on lui accorde ce nom), dit M. Say, ne donne aucune idée du rapport de ces deux valeurs, pour peu qu'elles soient séparées par quelque distance ou par quelque espace de temps ; 20,000 fr., ou mille hectolitres de froment, ne peuvent me servir pour comparer la valeur d'une maison d'autrefois à à celle d'une maison d'à présent parce que la valeur des écus et du froment n'est plus rigoureusement à présent ce qu'elle était autrefois.

« Une maison à Paris, de 10,000 écus, au temps d'Henri IV, valait bien plus qu'une maison qui vaudrait à présent 10,000 écus. Une maison de 20,000 fr. en Basse-Bretagne a plus de valeur qu'une maison de 20,000 francs à Paris ; de même qu'un revenu de 10,000 francs en Basse-Bretagne est bien plus considérable qu'un revenu de pareille somme à Paris[18]. »

J'accorde à M. Say la première partie de son assertion 20,000 francs ou mille hectolitres de froment ne peuvent me servir pour comparer la valeur d'une maison d'autrefois à celle d'une maison d'à présent (quoique, plus tard, M. Say ait trouvé que le meilleur moyen de comparer deux valeurs à des époques éloignées, c'est de les évaluer en froment) ; une maison, à Paris, de 10,000 écus, au temps d'Henri IV, valait bien plus, et représentait une richesse plus considérable qu'une maison qui vaudrait a présent 10,000 écus, et cela, par la raison qu'en donne M. Say, c'est-à-dire à cause de la différence qui est survenue dans la valeur des écus de l'une à l'autre époque. Mais je ne partage plus du tout l'avis de M. Say, lorsqu'il prétend qu'une maison de 20,000 francs, en Basse-Bretagne, vaut plus qu'une maison de 20,000 fr. à Paris, et qu'un revenu de 10,000 fr., en Basse-Bretagne, est plus considérable qu'un revenu de pareille somme à Paris. L'opinion que M. Say laisse échapper ici, à ce sujet, me paraît éminemment contraire à tous les principes fondamentaux de l'économie politique, aux principes que M. Say a glorieusement contribué lui-même à établir ; et je ne saurais, ce me semble, la combattre trop vivement. Il est évident que M. Say confond ici deux choses que j'ai cherché à distinguer dans tout le cours de mes travaux économiques, et que M. Say a distinguées lui-même plusieurs fois d'une manière assez heureuse je veux parler de la richesse absolue et de la richesse relative, Je ce que M. Say appelle la richesse naturelle et la richesse sociale, ou, en d'autres termes., de la richesse nui consiste dans la possession de l'utilité, et de celle qui consiste dans la possession de la valeur. L'utilité, je l'ai dit ailleurs[19], n'est pas une richesse appréciable. Elle n'exprime qu'un rapport vague et peu précis, un phénomène purement relatif à l'individu. Il n'y a que la valeur qui puisse se compter et se mesurer, parce qu'elle se fonde sur les besoins de tous, et qu'elle a pour principe la limitation ou la rareté, phénomène essentiellement appréciable. Ce n'est donc qu'entre deux valeurs qu'on peut établir un rapport rigoureux d'égalité ou d'inégalité. L'économie politique est la science de la valeur, et la richesse, proprement dite, ou la richesse sociale, ne se compose que de valeurs. Il suffit de rappeler ici ces principes, qui ne sont pas diamétralement opposés à ceux de M. Say, mais qui s'accordent au contraire, en grande partie, avec les siens, pour répondre pertinemment à l'assertion très hasardée de cet habile économiste, et pour faire justice de son erreur. Un homme qui possède 20,000 fr. à Paris, et celui qui possède 20,000 fr. en province sont aussi riches l'un que l'autre de cette richesse rotative, ou de cette richesse sociale qui fait l'objet de l'économie politique, puisqu'ils possèdent tous deux la même valeur. Celui qui habite la province pourra être plus riche, il est vrai, absolument partant, si les choses qu'il possède sont plus utiles, ou s'il peut les troquer contre une plus grande masse d'utilité. Voilà toute la différence qui existe et qui puisse exister dans la position de ces deux individus ; au point de vue de l'économie politique, ils sont parfaitement égaux. Une maison de 20,000 fr., située à Paris, vaut, quoi qu'en dise M. Say, une maison de 20,000 francs, située en Basse. Bretagne, et la preuve qu'elle la vaut, c'est que ces deux maisons peuvent s'échanger, et s'échangent réellement tous les jours l'une contre l'autre. La maison située en Basse-Bretagne est probablement plus belle, il est vrai, plus grande, plus commode, ou, si l'on veut, plus futile comme maison que la maison du même prix située à Paris. Mais, d'un autre côté, on se procure à Paris un certain nombre de commodités et de jouissances qu'on ne saurait avoir en Basse. Bretagne et qui font passer par-dessus l'inconvénient d'habiter une maison moins commode, pour le même prix, que celle qu'on pourrait avoir en Basse-Bretagne. Ainsi, la différence qui existe entre les deux maisons n'étant que dans l'utilité, et ne consistant point dans la valeur, ces deux maisons ne laissent pas que de constituer, pour leurs propriétaires respectifs une richesse relative tout-à-fait pareille. C'est leur richesse absolue qui diffère, autrement dit la quantité d'utilité dont chacun d'eux peut disposer par rapport au besoin qu'il éprouve de se trouver un logement. Mais l'économie politique, nous l'avons dit, ne s'occupe point de la richesse absolue ou de l'utilité en général, de ce que M. Say appelle la richesse naturelle ; cette science s'occupe uniquement de la richesse relative ou de la richesse sociale qui, comme M. Say n'en disconvient point, consiste tout entière dans la valeur.

Il arrive dans le cas cité par M. Say, pour le propriétaire bas-breton et pour le propriétaire parisien, la même chose qui arrive, au sein de Paris, pour deux personnes qui résident l'une et l'autre dans cette ville. Deux Parisiens qui possèdent chacun 10,000 fr. sont également riches, relativement parlant ; ils possèdent la même valeur. Mais leur richesse absolue peut être fort inégale si l'on s'attache à considérer l'utilité qui réside sous cette valeur. Et, en effet, supposons que la première personne possède 10,000 fr. en meubles, en ustensiles de ménage, en linge, en vêtements, en livres, etc. ; tandis que la seconde possède un brillant de 10,000 fr. Assurément personne ne doute que la première personne ne soit, absolument parlant, plus riche que la seconde. Quelle comparaison pourrait-on établir entre le vain plaisir de porter un diamant à son doigt ou à sa chemise, et les jouissances qu'on se procure par l'usage d'un mobilier commode, de vêtements propres, de livres instructifs, etc. ? Mais sous le point de vue relatif, sous le rapport de la richesse sociale et de l'économie politique qui en fait son objet, les deux individus que nous considérons ici sont également riches, puisqu'ils possèdent tous les deux la même valeur. Et la preuve de notre assertion résulte évidemment et invinciblement de ce que ces deux valeurs peuvent s'échanger, et s'échangent réellement et journellement l'une contre l'autre ; car si celui qui possède un brillant de 10,000 francs consent à se priver de cette jouissance frivole, il peut se procurer, en sacrifiant son brillant, des meubles, du linge, des vêtements, des livres, pour 10,000 francs ; et si celui qui possède ces derniers objets, vient à contracter la fantaisie d'avoir un brillant de 10,000 francs, il faudra, de toute nécessité, qu'il consente à faire le sacrifice de son mobilier, de son linge, de ses livres, etc., dont on n'appréciera plus l'utilité, mais la valeur.

On voit par cet exemple que l'économie politique, autrement dit la théorie de la richesse sociale, fait complètement abstraction de l'utilité, et qu'elle s'occupe exclusivement de la valeur échangeable. Quelle que soit l'utilité que nous possédions au point de vue de la sensibilité physique ou morale, et du besoin qui en résulte, que cette utilité soit pour nous une chose nécessaire ou agréable, très commode ou très superflue., ce qui nous importe, au point de vue de l'économie politique, c'est la valeur qui réside dans cette utilité. Deux valeurs égales constituent toujours une richesse égale, n'importe la nature et l'espèce des utilités auxquelles elles sont attachées. Or, puisque la valeur des métaux précieux est la même, ou à très peu de chose près la même dans tout l'univers, à la même époque, il s'ensuit rigoureusement qu'un habitant de Paris et un habitant de New-York, un habitant de Lisbonne et un habitant de Berlin, qui possèdent chacun 10,000 livres d'argent ou 10,000 onces d'or, sont aussi riches l'un que l'autre, et ne sauraient se distinguer l'un de l'autre, au point de vue de l'économie politique. Si nos observations sont justes, et nous les croyez inattaquables, elles auront pour résultat de nous prémunir contre les conclusions trop rigoureuses de M. Say, et nous persisterons à croire qu'il n'est pas aussi impossible qu'il le prétend[20] de comparer les richesses de deux époques ou de deux nations différentes. Ce parallèle n'est point, comme le dit M. Say, la quadrature du cercle de l'économie politique. La statistique travaille tous les jours à l'établir, et elle y réussira toujours de mieux en mieux. M. Say lui-même aura contribue, pour sa part, à la solution de ce problème intéressant, en nous indiquant, avec sa sagacité ordinaire, quels sont les meilleurs moyens de comparer les valeurs qui sont séparées par les temps et par les lieux. Et, en effet, immédiatement après avoir nié que la valeur puisse se mesurer, et que les métaux précieux puissent être considérés comme de véritables mesures, M. Say se livre à la recherche des moyens qu'on peut employer pour l'appréciation de la richesse sociale, et il établit fort bien que pour comparer des valeurs séparées par un certain laps de temps, il faut employer la valeur moyenne du blé, aux deux époques, et que, pour des valeurs situées dans des pays différents, il n'y a pas de meilleure mesure que les métaux précieux[21]. Cela revient, comme on le voit, à employer dans tous les cas la valeur des métaux précieux, sauf à corriger, par la valeur moyenne du blé, regardée comme constante depuis l'antiquité jusqu'à nos jours, les variations qui sont survenues, par l'effet du temps, dans la valeur de l'or et de l'argent. Nous n'ignorons pas, il est vrai, que M. Say ne regarde les différentes évaluations obtenues par ce moyen, que comme des évaluations approximatives ; mais il nous semble que nous ne les avons guère considérées nous-même autrement. Tout ce que nous avons dit de plus que M. Say, c'est que ces approximations sont passablement satisfaisantes, et, dans tous les cas, ce sont les meilleures que nous puissions obtenir. Nous voilà donc parfaitement d'accord, en définitive, avec M. Say, et rien ne saurait être plus flatteur pour nous, lorsque nous pensons à l'influence si générale et si méritée dont jouit ce célèbre économiste.

Section VI.
De la préférence accordée au métal d'argent comme terme de comparaison pour la mesure de la valeur, et de quelques améliorations qu'il y aurait à introduire dans la nomenclature de notre système métrique. Conclusion.

Dans tout ce que j'ai dit jusqu'à présent, j'ai constamment fait marcher de pair l'or et l'argent ; je n'ai point sépare ces deux métaux précieux. Et, en effet, tout ce qui est vrai de l'un est également vrai de l'autre : ils sont, rigoureusement parlant, aussi propres l'un que l'autre à remplir l'emploi que je viens de leur assigner, et à nous fournir un terme de comparaison pour l'appréciation de la richesse sociale. Si nous te connaissions que l'or, et point l'argent, ce serait évidemment le premier métal qui nous fournirait l'unité de mesure de la valeur ; et réciproquement, si nous ne connaissions que l'argent, ce serait dernier métal qui remplirait seul les fonctions qui me paraissent également convenir à l'un et à l'autre des métaux précieux. Mais comme nous connaissons ces deux métaux, nous pouvons les employer l'un aussi bien que l'autre à l'usage auquel ils se prêtent également, et le fait est que nous les employons concurremment à la mesure de la valeur. Nous estimons une chose en argent quand nous disons quelle vaut 30 livres, 50 francs, 25 écus. Nous pouvons dire que nous estimons une chose en or, lorsque nous disons qu'elle vaut 30 pistoles, 40 louis, ou 50 guinées Effectivement, les livres, les francs, les écus, représentent des quantités d'argent ; tandis que les pistoles, les louis et les guinées, peuvent être considérés comme représentant des quantités d'or. D'ailleurs, il est toujours loisible de prendre pour terme de comparaison une quantité d'argent ou une quantité d'or.

À l'époque où les métaux précieux étaient beaucoup plus rares, et par conséquent beaucoup plus chers due de nos jours, on a vu quelques peuples prendre pour termes de comparaison, dans la mesure de la valeur, des métaux beaucoup plus communs que l'or et l'argent, tels que le fer et le cuivre. Tout le monde sait que Lycurgue avait établi, à Sparte, une monnaie de fer. On sait aussi que, chez les Romains, la valeur se comptait par livres de cuivre. L'as représentait, en effet, une livre de ce dernier métal, et le sesterce, qui fut employé plus tard comme unité de mesure, signifiait deux as et demi.

Mais chez les peuples riches et industrieux, comme les Athéniens, les métaux précieux devinrent d'assez bonne heure plus abondants, et l'unité de mesure de la valeur fut généralement empruntée à l'argent. Aujourd'hui l'on peut dire que c'est plus particulièrement à ce dernier métal qu'est accordé, dans tout le monde civilisé, le privilège de mesurer toutes les autres va leurs, et cela tient évidemment à l'abondance relative de ce dernier métal. La valeur de l'or étant environ quinze fois plus grande que celle de l'argent, et la valeur du cuivre étant beaucoup plus faible, il suit de là qu'il ne serait pas commode de prendre l'or ou le cuivre pour termes de comparaison. Les choses d'une petite valeur, pour être estimées en or, devraient être comparées a une très petite quantité de ce métal, et les choses d'une valeur assez considérable ne pourraient être évaluées en cuivre que par leur comparaison à une très grande quantité de cette dernière substance. La valeur de l'argent se proportionne mieux au plus grand nombre des valeurs que nous sommes journellement obligés d'apprécier. De là vient la préférence qui est généralement accordée au métal d'argent ; en sorte que l'on peut dire que, quoique tout ce que nous avons établi ci-dessus convienne également aux deux métaux précieux, et soit tout aussi vrai à l'égard de l'un qu'à l'égard de l'autre, cependant c'est principalement l'argent qui sert à mesurer toutes les autres valeurs, et c'est lui qui fournit l'unité de mesure destinée à l'appréciation de la richesse sociale.

Cela posé, je terminerai cette dissertation par quelques observations qui me paraissent également justes et importantes.

Deux quantités quelconques d'or ou d'argent, lorsqu'elles sont au même titre, ne peuvent pas mieux se comparer entre elles que sous le rapport de leur poids. Il est évident que pour connaître le rapport qui existe entre deux quantités d'or ou d'argent, il faut les peser, et que leur valeur est en raison directe de leur poids. Deux livres d'or ou d'argent valent précisément le double dune livre d'or ou d'argent, et une livre de ces mêmes métaux vaut précisément le quart de quatre livres. Il suit de là que l'unité de mesure de la valeur ne saurait être autre chose qu'un certain poids d'argent à un titre déterminé. L'histoire nous apprend d'ailleurs que les unités de mesure de la valeur, ou les termes de comparaison employés chez les différons peuples, aux différentes époques de leur existence, pour apprécier la richesse sociale, et pour la calculer, ont toujours été les unités mêmes employées pour mesurer les poids. La drachme, le talent, l'as et le sesterce, la livre de Charlemagne, étaient, comme on le voit, des termes employés pour comparer des pesanteurs, et ce sont ces mots appliqués à différents poids d'or, d'argent ou de cuivre, qui ont fourni les unités de mesure pour la valeur.

Il y aurait donc, ce me semble, sous ce rapport, une importante amélioration à faire, en France, ou l'unité de mesure de la valeur porte, on ne sait trop pourquoi, le nom de franc. Ce dernier mot est un terme essentiellement oiseux et parasite, qui n'a et ne peut avoir par lui-même aucun sens et qui n'est propre, par conspuent qu'à embrouiller les idées et à fausser le jugement. Puisque, à moins de ne rien exprimer du tout, le franc ne peut exprimer autre chose qu'un certain poids d'argent, à un titre déterminé, pourquoi ne se contenterait-on pas de donner à l'unité de valeur le nom même du poids dont elle est formée ? Le gramme étant aujourd'hui, en France, l'unité employée pour mesurer le poids, il était souverainement inutile d'en inventer une autre pour mesurer la richesse sociale ou la valeur. Il fallait compter la valeur par grammes, comme autrefois on la comptait par livres. Il fallait prendre tout simplement pour unité de valeur le *gramme pesant d'argent à 9/10 de fin*.

« La valeur d'un morceau d'argent, dit M. Say (et ici je me range complétement à l'opinion judicieuse de ce célèbre économiste), la valeur d'un morceau d'argent se règle de gré à gré dans les transactions qui se font entre les particuliers, ou entre le gouvernement et les particuliers il convient d'abandonner la sotte prétention de fixer d'avance cette valeur, et de lui donner arbitrairement un nom. Qu'est-ce qu'une piastre, un ducat, un florin, une livre sterling, un franc ? Peut-on voir autre chose en tout cela que des morceaux d'or ou d'argent ayant un certain poids et un certain titre ? Si l'on n'y peut voir autre chose, pourquoi donnerait-on à ces lingots un autre nom que le leur, que celui qui désigne leur nature et leur poids

Cinq grammes d'argent, dit-on, *vaudront un franc* : cette phrase n'a aucun autre sens que celui-ci : *cinq grammes d'argent vaudront cinq grammes d'argent* ; car l'idée qu'on a d'un franc ne vient que des cinq grammes d'argent dont il se compose. Le blé, le chocolat, la cire, prennent-ils un nom différent lorsqu'ils sont divisés suivant leurs poids ? Une livre pesant de pain, de chocolat, de bougie, s'appelle-t-elle autrement qu'une livre de pain, de chocolat, de bougie ? Pourquoi n'appellerait-on pas une pièce d'argent du poids de 5 grammes par son véritable nom ? Pourquoi ne l'appellerait-on pas simplement *cinq grammes d'argent* ?

« Cette légère rectification, qui semble consister dans un mot, dans un rien, est immense dans ses conséquences. Dès qu'on l'admet, il n'est plus possible de contracter en valeur nominale ; il faut, dans chaque marché, balancer une marchandise récite contre une autre marchandise réelle, une certaine quantité d'argent contre une certaine quantité de grains, de viande ou d'étoffe. Si l'on prend un engagement à terme, il n'est plus possible d'en déguiser la violation ; si l'on s'engage me payer tant d'onces d'argent fin, et si mon débiteur est solvable, je suis assuré de la quantité d'argent fin que je recevrai quand le terme sera venu.

« Les poids dont on s'est servi jusqu'à l'introduction du système métrique en France, c'est-à-dire les onces, gros, grains, avaient t'avantage de présenter des quantité pondérantes, fixes depuis plusieurs siècles, et applicables à toutes les marchandises ; de manière qu'on ne pouvait changer fonce pour les métaux précieux, sans la changer pour le sucre, le miel, et toutes les denrées qui se mesurent au poids ; mais combien, sous ce rapport, les poids du nouveau système métrique n'ont-ils pas plus d'avantage encore ? Ils sont fondés sur une quantité donnée par la nature, et qui ne peut varier tant que notre globe subsistera. Le *gramme* est poids d'un centimètre cubique d'eau ; le centimètre est la centième partie du mètre, et le mètre est la dix millionième partie de l'arc que forme la circonférence de la terre, du pôle à l'équateur. On peut changer le nom de *gramme*, mais il n'est pas au pouvoir des hommes de changer la quantité pesante de ce qu'on entend actuellement par *gramme* ; et quiconque s'engagerait à payer, à une époque future, une quantité d'argent égale à *cent grammes d'argent*, ne pourrait, quelque opération arbitraire qui intervint, payer moins d'argent sans violer sa promesse d'une manière évidente[22]. »

Puisque nous en sommes sur le système métrique, je me permettrai encore une observation que je crois exacte, et que je soumets au jugement des mathématiciens, et principalement à celui des auteurs de nos traités d'arithmétique. Appelés par exposition du système métrique décimal à parler du franc, ces estimables écrivains le désignent toujours sous le nom d'unité monétaire. Cette qualification est éminemment impropre, et demande à être corrigée. La monnaie, comme nous l'avons vu plus haut, est une marchandise, une espèce particulière de marchandise, qui joue un rôle très important en économie politique, puisqu'elle sert 'intermédiaire à un très grand nombre d'échanges, et qu'elle favorise singulièrement les transactions commerciales. D'un autre côté, l'or et l'argent sont la monnaie naturelle, sans contredit. Les métaux précieux servent à mesurer la valeur, et de plus ils servent à faciliter les échanges. Ces deux rôles sont différents, et reposent, l'un et l'autre, sur des propriétés diverses des métaux précieux ; il ne faut donc pas, les confondre. La monnaie, disons-nous, est une marchandise, et, sous ce point de vue, elle a une valeur qu'elle tire des métaux précieux dont elle est formée, ou, pour mieux dire, la monnaie n'est autre chose que les métaux précieux eux-mêmes se prêtant à un nouvel usage, ou fonctionnant d'une nouvelle manière. Lors donc qu'on mesure la monnaie, on la mesure comme valeur et non point comme marchandise. La monnaie, considérée comme monnaie, n'est point une grandeur appréciable, à moins qu'on ne veuille la considérer sous 4e rapport de son poids ou de son volume. Mais si l'on veut l'apprécier sous ce point de vue, on n'arrivera point à des résultats intéressants. On ne sera pas bien avancé pour savoir qu'on a deux ou trois litres de monnaie, ou qu'on en possède 4 kilogrammes. Et, en effet, ce qui importe, en fait de monnaie, ce n'est pas d'en avoir un sac ou deux, d'en posséder trois ou quatre livres ; ce qui importe, c'est d'en avoir pour une valeur plus ou moins forte. C'est donc la valeur qu'il importe surtout et principalement d'apprécier dans la monnaie, comme dans les autres marchandises, et dès lors le mot *franc*, ou tout autre terme équivalent à celui-là ne peut plus désigner une unité de monnaie, mais une unité de valeur ; par la même raison que le mètre ne désigne pas une unité de chemin, mais une unité de longueur.

Les chemins et les grandes routes ne se mesurent pas comme chemins ou comme grandes routes, mais comme longueurs ou comme distances. Les prairies et les champs ne se mesurent pas comme prairies ou comme terres labourables, mais comme superficies, et à titre de superficies. Le vin et l'huile ne se mesurent pas comme substances alimentaires, mais comme poids ou comme volumes. Lors donc qu'on parle d'unité de monnaie, on commet, ce me semble, la même faute que si l'on appelait le mètre ou le myriamètre une unité de chemin, l'are ou l'hectare une unité de prairie, le litre une unité d'huile ou de vin, et le gramme une unité de charbon.

En résumant les deux observations qui précèdent voit d'abord que le mot *franc*, introduit dans la nomenclature du système métrique, est un terme oiseux, parasite et insignifiant, et, en second lieu, que les expressions, unité de monnaie, unité monétaire, sont tout-à-fait impropres, et qu'elles doivent être remplacées par l'expression beaucoup plus exacte, *unité de valeur*. D'après ces corrections, qui me paraissent désirables et très faciles à effectuer, le tableau des principales grandeurs qu'on étudie en arithmétique, et de leurs unités de mesure, présenterait le résultat suivant :

PRINCIPALES GRANDEURS APPRÉCIABLES	NOM DES UNITÉS DE MESURE	NATURE DE CES UNITÉS
Longueurs ou distances.	*Mètre.*	La dix millionième partie de quart du méridien terrestre
Superficies ou aires.	*Are.*	1 décamètre carré.
Volumes ou capacités.	*Litre.*	1 décimètre cube.

Pesanteurs ou poids.	*Gramme (poids).*	1 centimètre cube d'eau distillée, à son maximum de densité.
Valeurs ou prix.	*Gramme (valeur).*	1 gramme d'argent à 1/10 de fin.

Si notre système métrique décimal n'a pas été résumé, jusqu'à ce jour, sous cette forme simple et exacte tout à la fois, cela tient uniquement, je n'hésite pas à le croire, à ce que les mathématiciens n'ont pas encore osé concevoir la richesse sociale ou la valeur comme une grandeur du même genre que l'étendue, la pesanteur ou la vitesse, c'est-à-dire comme une grandeur appréciable. J'ose espérer que leurs scrupules ne seront pas éternels, et que la justesse des principes que j'ai cherché à développer finira par frapper les yeux d'une classe de savants si sage et si habile. Mais la fonction des métaux précieux ne se borne pas à présenter cette valeur modèle, ou cette valeur générale et invariable qui sert à mesurer la richesse sociale, ou à comparer entre elles toutes les valeurs. L'or et l'argent sont encore la monnaie naturelle ou l'instrument nécessaire du commerce : ils servent, d'intermédiaire indispensable au plus grand nombre des échanges qui se consomment dans la société. Cette nouvelle fonction, toute différente de la première, est encore une suite naturelle des propriétés que nous avons reconnues dans les métaux précieux, et qui les caractérisent exclusivement. Elle se fonde sur ce que l'or et l'argent sont la plus commode des possessions. J'ai déjà dit que mon intention n'était pas d'étudier ici les métaux précieux sous ce nouveau point de vue ; mais je suis loin de contester son importance, et je me propose d'en faire l'objet d'une nouvelle dissertation. À chaque jour son œuvre.

Notes

1. Nouveaux principes d'Économie politique, deuxième édition, tome II, page 1re.

2. Voyez le Traité d'Économie politique, de M. Say, cinquième édition, tome II, page 82.

3. Voyez sa traduction de la Richesse des nations, deuxième

Notes

édition, tome V, page 315. Voyez aussi mon traité de la Nature de la richesse.

4. De la Nature de la Richesse et de l'Origine de la Valeur, chapitre 3

5. Notes sur les Principes d'Économie politique, de Ricardo, t. II, p.69.

6. Notes sur les Principes de Ricardo, tome II, page 70.

7. Traité d'Économie politique par M. Say, tome II, page 205. Mongez, Considérations générales sur les Monnaies, pages 22 et 23.

8. Voyez le Traité d'Économie politique de M. Say, livre II, chap. 3.

9. Rapports de la nature à l'homme, et de l'homme à la nature, tome III, pag. 229 et suiv.

10. Traité d'Économie politique, 5e édition, tom. II., page. 85

11. De la Nature de la richesse et de l'Origine de la valeur, chap. XVIII.

12. Traité d'Économie politique, 5e édition, tome II, page 97.

13. Traité d'Économie politique, 5e édition, t. II., page. 86

14. Physique mécanique de Fischer, p.63, en note

15. Traité d'Économie politique, 5e édition, t. II, p.100

16. Traité d'Économie politique, 5e édition, t. II, p.96

17. Traité d'Économie politique, 5e édition, t. II, p.43, en note

18. Traité d'Économie politique, 5e édition, t. II. p. 88.

19. De la Nature et de la Richesse et de l'Origine de la valeur, chap. IV.

20. Traité d'Économie politique, 5e édition, t. II, p.89.

21. Traité d'Économie politique, 5e édition, t. II, p.95 et suiv.

22. Traité d'Économie politique, 5e édition, t. II, p.110

ISBN : 978-1986582117

www.ingramcontent.com/pod-product-compliance
Lightning Source LLC
Chambersburg PA
CBHW051535240526
45471CB00020B/2940